ANALISI DEL LIBRO

AF125926

La gente felice legge e beve caffè

AGNÈS MARTIN-LUGAND

ANALISI DEL LIBRO

Scritto da Sophie Piret
Tradotto da Sara Rossi

La gente felice legge e beve caffè

Agnès Martin-Lugand

AGNÈS MARTIN-LUGAND

ROMANZIERE FRANCESE

- **Nato a Saint-Malo (Francia) nel 1979**
- **Opere degne di nota:**
  - *La gente felice legge e beve caffè* (edizione digitale auto-pubblicata 2012, edizione in brossura 2013), romanzo
  - *Entre mes mains le bonheur se faufile* ("La felicità mi scivola tra le dita", 2014), romanzo
  - *Non preoccuparti, la vita è facile* (2015), romanzo

Dopo una formazione da psicologa clinica, Agnès Martin-Lugand ha lavorato per sei anni nel settore della protezione dell'infanzia prima di dedicarsi alla scrittura. Grazie alla sua abilità nell'analizzare il comportamento umano e nell'interpretare la natura umana, crea personaggi con cui i lettori possono identificarsi facilmente e li colloca in situazioni universalmente relazionabili. A marzo 2017 ha pubblicato cinque romanzi, due dei quali sono stati tradotti in inglese.

LA GENTE FELICE LEGGE E BEVE CAFFÈ

UNA STORIA DI RICOSTRUZIONE

- **Genere:** romanzo

- **Edizione di riferimento:** Martin-Lugand, A. (2016) *La gente felice legge e beve caffè*. Trans. Smith, S. New York: Weinstein.

- **1ª edizione:** 2012 (edizione digitale), 2013 (edizione in brossura)

- **Temi:** dolore, morte, perdita, vita, amore, depressione, ricostruzione

Verso la fine del 2012, l'editore Michel Lafon ha acquisito i diritti di *Les gens heureux lisent et boivent du café* (la versione originale francese di *La gente felice legge e beve caffè*) in seguito al fulmineo successo del romanzo sulle piattaforme di pubblicazione digitale, dopo essere stato rifiutato da diverse altre case editrici tradizionali. Tuttavia, quei rifiuti non avevano fatto nulla per frenare la motivazione di Agnès Martin-Lugand, che aveva deciso di tentare la fortuna con l'autopubblicazione. Una decisione saggia, come si è visto: il romanzo ha avuto un successo immediato ed è entrato nella lista dei 100 titoli Kindle più venduti su Amazon nel giro di poche settimane. L'edizione in brossura pubblicata nel 2013 ha venduto oltre 300.000 copie e la richiesta del romanzo è stata così alta che la versione originale francese è stata tradotta in più lingue. Ma la storia di successo di *La gente felice legge e beve caffè* non finisce qui: la Weinstein Company ha acquistato i diritti per adattare il romanzo al grande schermo.

Inoltre, l'autore ha pubblicato un sequel nel 2015, tradotto in inglese nel 2017 con il titolo *Don't Worry, Life is Easy*.

SINTESI

SULL'ORLO DELL'ABISSO A PARIGI

Diane è perfettamente felice: suo marito Colin e sua figlia Clara riempiono la sua vita di gioia. Insieme al suo amico gay Felix, possiede un accogliente caffè letterario chiamato "Happy People Read and Drink Coffee". Ma un incidente d'auto fa crollare improvvisamente tutta la sua felicità.

Quando Diane arriva al pronto soccorso con Felix, Clara è già morta e Colin è gravemente ferito. Quando apprende che Colin non sopravvivrà, Felix decide di non dirgli della morte di Clara per permettergli di morire in pace. Colin gli fa quindi promettere di prendersi cura di sua moglie e di sua figlia e muore poco dopo. Nel giro di poche ore, Diane ha perso tutto ciò che aveva di più caro. Quando arriva il momento di dire addio alla figlia, scappa dall'ospedale. Incapace di accettare la realtà, si rifiuta di assistere alla deposizione delle bare. Tuttavia, i suoi genitori sono determinati a convincerla a rispettare la tradizione e a partecipare al funerale. Troppo esausta per resistere, accetta di andare e rimane vicino a Felix per tutta la durata della cerimonia.

La volta successiva che il lettore incontra Diane, è passato un anno ma lei non riesce ad andare avanti. È bloccata nel passato, in quel momento in cui ha perso tutto. È diventata una reclusa, rivivendo incessantemente i ricordi di quegli eventi e cadendo sempre più in depressione. Indossa i vestiti del defunto marito, fa raramente la doccia e usa solo il sapone della figlia, non ha appetito e non pulisce più l'appartamento. Annegata nell'infelicità, si rifiuta di uscire o di lavorare e tende a scoppiare a piangere in qualsiasi momento.

Felix è l'unica persona in grado di raggiungerla ed è il suo unico vero legame con il mondo esterno. Cerca invano di trascinare la sua amica fuori dal suo letargo.

Sentendosi prigioniera, come se stesse soffocando, Diane decide di fuggire dal suo appartamento, dai suoi genitori, dal suo passato. Decide di trasferirsi a Mulranny, in Irlanda, in ricordo del marito defunto, che sognava di andarci in vacanza. Felix e i suoi genitori sono contrari all'idea, ritenendo che la donna non sia in grado di viaggiare da sola. Determinata a dimostrare che si sbagliano, Diane intraprende il viaggio e la ricerca di ricostruire la sua vita, da sola.

IMPARARE A VIVERE DI NUOVO IN IRLANDA

Quando arriva sull'isola, Diane incontra Abby e Jack, i proprietari del cottage che affitta a Mulranny. Nonostante il cambiamento di scenario, ricade presto nelle sue vecchie abitudini depressive, rifiutandosi di uscire e di incontrare la gente del posto. Durante la visita ai padroni di casa, incontra il loro nipote, Edward, che vive nel cottage accanto al suo. La sua prima impressione è che sia molto ostile, asociale e accondiscendente. Ogni volta che si incrociano, finisce in una lite furibonda. E per una buona ragione: è scortese, non esita a mostrare il suo disappunto per il fatto di avere un vicino di casa e si oppone completamente all'idea di invitarla alla festa di Natale di Abby e Jack. Tuttavia, il loro rapporto si evolve gradualmente, soprattutto dopo che Edward la salva quando lei tenta di annegarsi.

Grazie a Edward, Diane ritrova la voglia di vivere ed esce dalla sua solitudine. I due iniziano una relazione e, mentre lei riscopre sentimenti che credeva perduti per sempre (la gioia di prepararsi per un appuntamento, il desiderio di un altro, il divertimento di uscire, ecc.), Edward impara a fidarsi e a confidarsi con gli altri. Invita Diane nel suo rifugio, le Isole Aran. Questo invito è un simbolo dell'intimità e dell'amore che sta sbocciando tra loro.

Al loro ritorno, la loro felicità viene infranta dall'arrivo di Megan, l'ex fidanzata di Edward, che cerca di fermare la loro storia d'amore nascente. Il comportamento di Edward nei confronti di Diane cambia e le chiede addirittura di tornare a casa. Disorientata da questo drastico cambiamento di circostanze, la giovane donna cerca di capire cosa sia successo tra i due ex amanti. Viene a sapere da Judith, sorella di Edward, che i due avevano vissuto una storia d'amore appassionata e che Megan era riuscita a conquistare la fiducia di Edward, ma aveva finito per tradirlo. Le due donne diventano rivali, si contendono l'amore di Edward e alla fine lo costringono a scegliere una tra loro due.

Edward si rende conto che non c'è futuro per lui con Megan e le dice di andare a casa. Dichiara quindi il suo amore per Diane, ma lei si rende conto di non sentirsi pronta. Ammette di non poter dimenticare il suo defunto marito, Colin, e di non essere in grado di impegnarsi finché non avrà superato la sua morte. Diane decide di tornare a Parigi, perché si rende conto che il suo cammino verso la guarigione e l'accettazione porta lì, e lascia Mulranny ed Edward con gli occhi pieni di lacrime.

LA VITA A PARIGI

Al suo ritorno a Parigi, prende un taxi per raggiungere il caffè letterario che aveva affidato a Felix e i due amici si riuniscono con gioia. Notando che il caffè sta cadendo in rovina, decide di riportare ordine e vita nel locale che le sta tanto a cuore. Si trasferisce nell'appartamento vuoto e polveroso sopra il bar, ricominciando da capo e riprendendo il controllo della sua attività e della sua vita.

Alla fine, per ricostruire la sua vita non ha bisogno di nient'altro che delle persone che le vogliono bene e del lavoro che adora. Ricominciando da zero, compra nuovi piatti e ordina nuovi libri per ravvivare il suo posto di lavoro. È finalmente pronta a uscire e a incontrare gente; è sulla strada della guarigione e può finalmente guardare al futuro senza temere che i dispiaceri di ieri tornino a farsi sentire.

STUDIO DEL CARATTERE

DIANE

Moglie amorevole di Colin e madre adorante di Clara, Diane apre un caffè letterario chiamato "La gente felice legge e beve caffè" con Felix, un eccentrico amico di famiglia. Ha tutto ciò che le serve per essere felice.

Dopo la morte dei due pilastri della sua vita, sprofonda in una depressione e in un'apatia così profonde che niente, nemmeno la sua migliore amica, sembra in grado di tirarla fuori. Si chiude nel suo appartamento come un'eremita e cerca conforto nel passato, cercando invano tracce della presenza dei suoi cari, anche solo un sentore del loro profumo.

La partenza per l'Irlanda e l'abbandono della sua vecchia vita risvegliano il suo desiderio di vivere e fanno emergere la sua personalità forte e particolare, con un'emozione specifica che le permette di tornare alla realtà: la rabbia. È arrabbiata con la maleducazione e l'indifferenza del suo vicino Edward, con se stessa, con l'universo che le ha portato via i suoi due cari e con una rivale che cerca di interrompere un nuovo fragile legame che sta sbocciando in amore. A poco a poco, Diane riscopre le gioie della vita: ascoltare la musica, ballare, indossare bei vestiti, curare il proprio aspetto, ecc.

Grazie a Edward, la ragazza riesce a superare le sue paure, come quella di dimenticare i suoi cari defunti o di essere costretta ad affrontare la vita di petto. È anche lui che la aiuta a combattere la sua paura dell'altezza portandola sul bordo di un precipizio. Con lui al suo fianco, lei osa guardare in basso e supera la sua fobia. Le loro avventure sulle Isole Aran le regalano un senso di libertà, dandole la spinta necessaria per respirare di nuovo e facendole pregustare la felicità che potrebbe riscoprire e il posto che potrebbe trovare nel mondo dei vivi: "Qui mi sento libera" (p. 151). Ritrova un certo grado di pace e, soprattutto, ricomincia a credere nella vita e nell'amore.

FELIX

Felix è l'amico più fedele di Diane, che compare soprattutto all'inizio del romanzo, quando Diane vive a Parigi. Sempre vestito con jeans strappati e magliette attillate, è l'archetipo del migliore amico gay. È molto volubile e conduce una vita edonistica, lavorando raramente e lasciando che il caffè letterario cada in abbandono in assenza dell'amico.

Tuttavia, egli fornisce all'amica un enorme sostegno morale dopo la morte di Colin e Clara: è a lui che Diane si rivolge durante il funerale ed è lui che la conforta quando crolla durante la prima visita al cimitero. Fa anche da intermediario tra Diane e i suoi genitori, che faticano a capire le reazioni della figlia. Recupera alcuni oggetti importanti (in particolare la macchina del caffè che era stata un regalo di Colin) quando i genitori e i suoceri dell'amica fanno traslocare le sue cose dalla casa coniugale – oggetti con i quali si ricongiunge quando si trasferisce nell'appartamento sopra il caffè. Sebbene le venga costantemente in aiuto, la tratta anche come una bambina e dubita della sua capacità di affrontare il mondo da sola, perché non è in grado di soddisfare i propri bisogni fisici e psicologici. Alla fine, è grazie a lui che lei lascia Parigi per l'Irlanda e decide di riprendere in mano la propria vita.

EDWARD

Il lettore vede Edward attraverso gli occhi di Diane. Il ritratto che ne fa inizialmente è tutt'altro che lusinghiero: "Il suo volto aspro e la sua espressione sprezzante non mi facevano provare alcun calore nei suoi confronti. […] Più lo guardavo, più lo trovavo sgradevole. Non sorrideva. Puzzava di arroganza" (p. 54).

Edward vive nel cottage accanto a quello di Diane ed è il nipote di Abby e Jack. Fotografo di professione, trascorre innumerevoli ore da solo in riva al mare. Spesso si ritira alle Isole Aran, il suo rifugio segreto dove ama ricaricarsi.

Scortese, maleducato e poco incline a rispettare le convenzioni sociali che i vicini di casa solitamente rispettano, mostra un totale disinteresse e persino ostilità nei confronti di chi lo circonda, compreso il nuovo vicino. L'autore suggerisce diverse spiegazioni per questo comportamento, tra cui la perdita della madre, morta durante il parto della sorella minore Judith. In seguito, si scontra spesso con il padre, che non si occupa quasi più dei figli, e la sua amarezza si acuisce ulteriormente dopo una storia d'amore fallita dalla quale sembra non essere mai andato avanti. Da allora si rifugia a Mulranny, ritirandosi sempre più nel suo universo privato.

Nel corso della trama, le somiglianze tra Diane ed Edward si moltiplicano e diventano sempre più evidenti. Per certi versi, Diane vede – e disprezza – il proprio riflesso in Edward.

Entrambi vogliono vivere da soli, isolati dalla società. Schiacciati dalla vita, non riescono a parlare del loro passato, temendo che, se condividessero i loro ricordi con gli altri, potrebbero perdere le ultime tracce delle persone che hanno perso. Non si fidano di nessuno, sono forti fumatori e sono sempre trasandati. Tuttavia, grazie all'intervento di Judith, riescono a superare la paura e a condividere i loro segreti, conquistandosi a vicenda. Anche Edward viene in aiuto di Diane in diverse occasioni, assumendo in un certo senso il ruolo di Felix nelle situazioni difficili. La porta anche alle Isole Aran, il suo rifugio, dove non aveva mai portato nessun altro.

I GENITORI DI DIANE

I genitori di Diane non sono molto presenti nel libro. Si attengono strettamente alle convenzioni, pensano sempre a ciò che direbbero gli altri e non capiscono le reazioni e il dolore della figlia riguardo ai riti e alle tradizioni funebri. Sono molto severi con lei quando dice loro che non può andare al funerale: "È il tuo dovere, aggiunge mia madre. Andrai e non farai scenate". (p. 34)

Non capiscono nemmeno il desiderio della figlia di andare in Irlanda. La sminuiscono continuamente, dicendole che non è in grado di badare a se stessa, che non può prendersi il merito del suo caffè letterario perché sono stati loro a finanziarlo e, infine, che è irresponsabile spendere il denaro che Colin le ha lasciato in eredità per viaggiare all'estero.

Durante i due anni in cui si svolge il romanzo, Diane non vede né sente i suoi genitori.

ABBY E JACK

Abby e Jack sono i proprietari del cottage affittato dall'eroina e si rivelano preziosi alleati per Diane. Abby è molto accogliente nei suoi confronti, mentre Jack è più riservato. Tuttavia, ha una rara comprensione della natura umana: "Notai lo sguardo complice di Jack: aveva già capito" (p. 207).

Sono l'unica famiglia rimasta a Edward e a sua sorella e li hanno accolti dopo la morte della madre e l'abbandono del padre.

JUDITH

Judith è la sorella minore di Edward e sembra quasi diametralmente opposta a lui per quanto riguarda la personalità: è una cittadina allegra, socievole e chiacchierona che personifica la vita, la giovinezza spensierata, l'entusiasmo e il divertimento. Diane le è molto affezionata: "stare con questa giovane donna mi faceva bene" (p. 94).

Si rivela un'alleata preziosa quando Megan riappare nella vita di Edward. È lei che alla fine racconta a Diane la storia di suo fratello e le fornisce una spiegazione che le permette di dare un senso al comportamento e alle reazioni del suo vicino. È anche colei che convince Diane a lottare per Edward e a riconquistarlo. Si schiera dalla parte di Diane, poiché desidera ardentemente che Megan esca dalla vita del fratello, visto che gli ha già spezzato il cuore una volta.

MEGAN

Megan è l'ex fidanzata di Edward. La loro rottura è stata incredibilmente difficile per Edward, poiché lei lo ha tradito proprio quando lui si stava preparando a chiederle di sposarlo. Tuttavia, si vedevano ancora di tanto in tanto quando Edward si recava a Dublino per lavoro. Megan rimane molto legata a lui e ha passato cinque anni a cercare di riconquistarlo. Arriva a Mulranny con un solo obiettivo in mente: tornare definitivamente insieme al suo ex fidanzato. È bella in modo freddo, ambizioso e arrogante; sembra che niente e nessuno sia immune al suo fascino e non si fa scrupoli a usare qualsiasi mezzo necessario per raggiungere i suoi obiettivi.

POSTMAN PAT

Postman Pat è un'allusione all'omonimo cartone animato per bambini. Nel romanzo, il Postino Pat è il cane di Edward. Consegna la posta, ma il suo ruolo principale è quello di diffondere la gioia nel villaggio irlandese, alzandosi presto e rallegrando la giornata degli abitanti con il suo carattere amichevole e allegro. Questo lo rende anche un'esca per il suo padrone.

Il Postino Pat è un personaggio importante nel romanzo. Infatti, è lui che aiuta Diane non solo a controllare le sue emozioni, ma anche a esprimerle. Dopo la morte del marito e della figlia, il cane è il primo con cui sviluppa un'amicizia semplice, diretta e autentica, e le dà la forza di sopportare le situazioni difficili. Inoltre, fa incontrare Diane ed Edward, perché Diane si prende cura di lui in diverse occasioni quando il suo padrone è assente. Diane conquista il cuore di Edward anche grazie a Postman Pat: a differenza di Megan, Diane accetta il cane così com'è, con le sue zampe bagnate e sporche, una metafora che illustra come lei accetti Edward così com'è, con tutti i suoi difetti e le sue debolezze.

CLARA E COLIN

Clara e Colin sono morti da un anno all'inizio della storia e, anche se non apprendiamo mai molte informazioni su di loro, sono una presenza tangibile per tutto il romanzo.

Colin era un avvocato ed è morto a 33 anni. Amava l'Irlanda tanto da volerci trascorrere le vacanze, ma amava ancora di più sua moglie, tanto da rinunciare a quel sogno e portarla invece in lidi più soleggiati. È la roccia di Diane ed è stato colui che ha tenuto in ordine le loro vite.

Clara, la loro figlia, aveva cinque anni quando è morta. Aveva solo pochi mesi quando Diane e Felix hanno aperto il loro caffè letterario, dove ha mosso i primi passi.

Alla fine della storia, Diane riesce finalmente a visitare il cimitero. Lì parla con i suoi cari senza ricadere nella depressione.

ANALISI

IL DOLORE

La psichiatra Elisabeth Kübler-Ross (1926-2004), pioniera di nuove tecniche di assistenza sanitaria per i morenti, è nota per aver ideato un ciclo teorico composto da cinque fasi che vengono vissute da chi apprende la propria morte imminente. Questo ciclo può essere applicato a tutte le forme di lutto e perdita. L'ordine e l'importanza di queste fasi non sono fissi e variano a seconda dell'individuo in questione.

- **Negazione:** in questa fase l'individuo è in stato di shock, rifiuta di accettare la realtà e si sente come se fosse stato svuotato di tutte le emozioni. Questo accade a Diane, che è talmente sopraffatta e in uno stato di shock così profondo che fugge dall'ospedale e si rifiuta di andare al funerale o di visitare il cimitero.

- **Rabbia:** quando l'individuo affronta la realtà, prova un grande dolore e si scaglia contro tutto. Nel romanzo, la rabbia è la prima emozione – oltre al dolore – che Diane prova dopo la morte della sua famiglia. Ad esempio, è infuriata per la maleducazione di Edward e, soprattutto, per il destino crudele che le ha portato via il marito e la figlia.

- **Contrattazione:** durante questo periodo, l'individuo cerca di negoziare il ritorno dell'altra persona, ma presto si rende conto che è impossibile. Diane non sembra attraversare questa fase, anche se cerca disperatamente di ricordare la presenza del marito e della figlia indossando i vestiti del primo e lavandosi con il sapone della seconda.

- **Depressione:** è la fase più lunga e difficile del lutto. L'individuo prova una profonda tristezza ed è molto fragile emotivamente. Quando inizia la storia, Diane è in piena fase depressiva: mangia o si lava a malapena, si isola, ecc. In un'occasione, mentre si trova in Irlanda, la sua disperazione è così grande che tenta il suicidio.

- **Accettazione:** la persona in lutto accetta finalmente che l'altra persona non c'è più e torna a un'esistenza relativamente normale. Alla fine del romanzo, Diane è in grado di tornare a Parigi e di lasciare l'appartamento di famiglia. Si permette di ricominciare da capo e di aprirsi agli altri.

Il lutto di Diane è ancora più difficile perché deve affrontare la doppia perdita del marito e del figlio. Il libro descrive il dolore e la sofferenza di Diane, ma anche il percorso lento e doloroso che deve seguire per ricostruire la sua vita. Nel corso della storia, Diane subisce una trasformazione. Il lettore potrebbe aspettarsi che guarisca innamorandosi di nuovo, ma alla fine è il suo lavoro che le permette di liberarsi: "Penso che la ricostruzione della mia vita debba iniziare qui a Happy People" (p. 217).

IL CAMMINO VERSO LA GUARIGIONE

Quando Diane lascia Parigi, vuole allontanarsi sia dalle attenzioni di Felix sia dalla sua vita quotidiana, ancora satura della presenza di Colin e Clara. Per questo motivo, non si mette in viaggio con l'obiettivo di ricostruire la sua vita, ma piuttosto per sfuggire a un mondo che le ricorda troppo i suoi dolori.

L'autore utilizza diverse immagini per sottolineare le emozioni di Diane e per illustrare il percorso che deve intraprendere per guarire.

Patetica fallacia

Il clima irlandese è spesso descritto come temperato, ma in realtà è meglio descritto come imprevedibile. Il tempo cambia in un attimo: è perfettamente possibile che una pioggia torrenziale lasci il posto a un sole cocente nel giro di poche ore.

Il tempo atmosferico è molto presente in *La gente felice legge e beve caffè*. Vento, pioggia e tempeste sono anche metafore dello stato psicologico dell'eroina. Quando piange, piove a dirotto. Quando infuria una tempesta, Diane perde la presa su ogni certezza e ripiomba nella depressione. Quando sceglie di scappare invece di affrontare i suoi problemi, il cielo si apre e lei viene bagnata da un acquazzone. Il tempo inclemente la aiuta a esprimere i suoi sentimenti e la fa uscire in qualche modo dal suo torpore: "Dovevo trovare un modo per evitare di inzupparmi ogni volta che uscivo di casa per prendere un po' d'aria" (p. 56).

Presa da una spirale di disperazione il giorno del compleanno della figlia, Diane beve fino alle prime ore del mattino. Dopo un violento attacco di vomito, rimane a lungo sotto la doccia prima di uscire e sdraiarsi accanto al mare impetuoso. Edward viene a cercarla e a confortarla e, non appena si sente al sicuro tra le sue braccia, la pioggia cessa.

Il suo ritorno a Parigi conferma questa teoria. Poiché Diane sta affrontando meglio la situazione e si sente pronta ad affrontare la vita e la realtà, il cielo si schiarisce e il clima diventa più gradevole. Il sole illumina la strada verso la guarigione e dimostra che la felicità è ancora raggiungibile: "Ma il cielo era ancora blu. Sorrisi e chiusi gli occhi" (p. 223).

Diane: l'outsider

Quando Diane arriva in Irlanda e si trova a vestire i panni di un'estranea, deve imparare i modi e le abitudini del Paese: guidare a sinistra, parlare inglese, salutare la gente del posto, ecc. Deve orientarsi in un paese che non è il suo, circondata da persone che non conosce. Questa è una metafora della sua vita, perché è diventata un'estranea a se stessa. Ha perso tutti i suoi punti di riferimento nel momento in cui la sua famiglia è morta: prima la loro presenza, poi la sua personalità e infine il suo ambiente personale e professionale. Senza di loro, la sua vita non sente più di appartenerle e deve reimparare tutto da capo, riappropriandosi del proprio corpo e della propria esistenza. In questo modo, il suo viaggio le mostra la strada verso la guarigione.

ULTERIORI RIFLESSIONI

ALCUNE DOMANDE SU CUI RIFLETTERE...

- "Riteniamo che [il lutto] sarà superato dopo un certo periodo di tempo e che sarebbe inopportuno, persino dannoso, disturbarlo". Discutete questa citazione sul lutto di Freud (1856-1939) in relazione alla rappresentazione del lutto da parte dell'autore.

- Spiegate il legame tra il titolo del libro e il suo contenuto.

- Discutete su come viene affrontato il lutto nella nostra società. È paragonabile al modo in cui viene rappresentato nel libro? Perché?

- Quali metafore si trovano nel libro? Spiegate con degli esempi.

- Confrontate le storie di Diane ed Edward. Che cosa hanno in comune?

- Ha trovato il finale soddisfacente? Perché?

- Il terzo romanzo dell'autore, *Don't Worry, Life Is Easy*, è il seguito di questo libro. Ritiene che un sequel fosse necessario? Perché?

- Diane non è in buoni rapporti con i suoi genitori. È un caso di conflitto intergenerazionale? Spiegate con esempi tratti dal romanzo.

- *La gente felice legge e beve caffè* è l'esempio perfetto di una storia di successo di self-publishing. Cosa ne pensate di questo tipo di editoria? È un tipo di innovazione che merita di essere promossa maggiormente? Discutete.

ULTERIORI LETTURE

EDIZIONE DI RIFERIMENTO

Martin-Lugand, A. (2016) *La gente felice legge e beve caffè*. Trans. Smith, S. New York: Weinstein.

STUDI DI RIFERIMENTO

Kübler-Ross, E. e Kessler, D. (2014) *Sul dolore e il lutto: Trovare il significato del lutto attraverso le cinque fasi della perdita*. Londra: Simon & Schuster.

Vogliamo sapere da voi!
Lasciate un commento sulla vostra biblioteca online
e condividete i vostri libri preferiti sui social media!

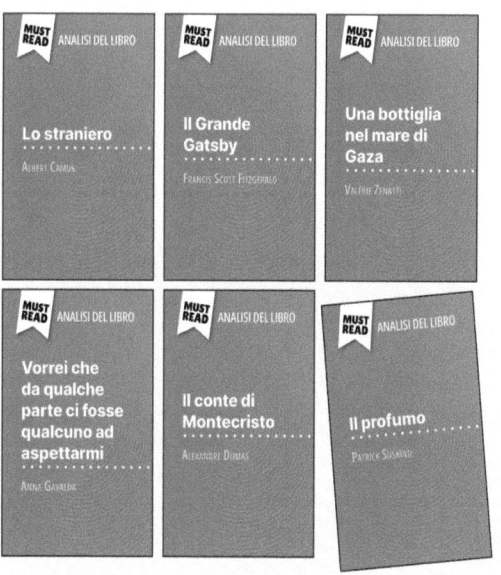

www.50minutes.com

Master ISBN: 9782808690072
ISBN cartaceo: 9782808611473
Deposito legale: D/2023/12603/1427

Copertura: © Primento

Concezione digitale a cura di Primento, il partner digitale degli editori.